KB204486

온전한 복음을 담은 세계관 이야기

온전한 복음을 담은

세계관
이야기

창조 타락 구속 회복

휴 웰첼 지음 | 홍병룡 옮김

아바서원

All Things New
Rediscovering the Four-Chapter Gospel

차례

서론 / 7

1. 창조 / 13

2. 타락 / 23

3. 구속 / 29

4. 회복 / 35

5. 복음 이야기: 두 장인가 네 장인가? / 41

6. 네 장 복음, 왜 중요한가? / 55

주 / 69

톨킨의 『반지의 제왕』의 끝부분에 나오는 한 감동적인 장면이 영화에는 빠져버렸다. 반지가 마운트 둠에서 파괴된 후 독수리들이 샘과 프로도를 구출하고, 샘은 잠에서 깨어나 자기가 살아있고 간달프가 침대 끝에 서 있는 모습을 보고 놀랐다.

그는 헐떡이며 이렇게 말한다. "간달프! 당신은 죽었다고 생각했소! 그런데 이후에 나 자신도 죽었다고 생각했지요. 슬픈 일은 모두 사라질 것인가요?"[1]

팀 켈러 목사는 9/11 테러 공격 직후의 주일 설교에서 샘의 질문이 전 세계의 수많은 남녀의 가슴 속에 깊은 공감을 불러일으키고 있다고 말했다.[2] 달리 말해, 오늘날의 세상은 특히 그런 테러리즘의 존재를 생각하면 도무지 이해하기가 어렵다는 뜻이다. 우리를 구원하는 예수 그리스도의 은혜가 있음에도 죄의 실재는 사물이 그 마땅한 상태에서 벗어나 있음을 분명히 보여준다. 고통과 고난과 파괴가 지구를 괴롭히고 있다. 그리스도인인 우리도 우리가 하는 일의 목적을 찾느라고 고심한다. 인간관계에서 갈등을 겪는다. 우리의 믿음을 삶의 모든 영역에 적용하는 문제로 고민한다. 판에 박힌 생활에 갇힌 채 성경 이야기가 우리의 일상생활과 어떻게 연결되는지를 보지 못한다.

샘의 질문에 대한 해답은 성경이 들려주는 역사적인 구속 이야기에서 찾을 수 있다. 성경은 "태초에 하나님이 천지를 창조하셨다"[3]는 화두로 시작한다. 이 화두는 창조 이야기의 시작일 뿐만 아니라 "궁극적으로 창조세계와 시간과 인류를 모두 포함할 보편적인 이야기"[4]의 시작이기도 하다. 이 이야기는 계시록의 마지막 절로 끝난다.

성경의 구조를 이렇게 묘사하는 것을 **네 장짜리 복음**이라 부른다. 창조, 타락, 구속, 회복의 이야기다.

- **창조**는 사물이 과거에 어떠했는지를 설명한다.
- **타락**은 사물이 현재 어떤 상태인지를 설명한다.
- **구속**은 사물이 어떻게 될 수 있는지를 보여준다.
- **회복**은 사물이 장차 어떻게 될 것인지를 보여준다.

네 장짜리 복음은 성경을 읽는 하나의 방식이 아니다. 우리의 삶을 제대로 살 수 있게 해주는 틀이다. 누구나 자기 나름의 견해나 관점, 즉 세계관을 통해 세계를 조망한다. 우리는 그리스도인으로서 성경의 관점을 통해 세계를 본다. 따라서 네 장 복음은 하나님의 위대한 창조 이야기에 기초해 우리의 행동과 결정에 초점을 맞추게 해주는 맞춤 안경과 비슷하다. 우리가 성경을 한 큰 이야기로 고찰할 때 두 장(타락과 구속)만 본다면 그 이야기의 절반을 놓치는 셈이다. 우리의 안경이 약간 흐릿하고 초점이 안 맞는다는 뜻이다. 우리가 흐릿한 처방을 받고 그냥 오랫동안 지내면 우리의 눈은 적응하기 마련이다. 그러면 초점을 잃은 삶이 정상적이 되고, 우리는 무언가 더 보려고 고심하게 된다. 그러나 새로운 안경을 맞추면 모든 것이 더 명료해진다. 네 장짜리 복음이 바로 그 안경이다. 인생의 모든 면을 조망해주는 가장 뚜렷하고 가장 완전한 인생관이다. 이는 세계를 올바로 조망하고 이해하게 해주는 가장 정확한 처방의 역할을 한다.

성경을 한 포괄적인 이야기로 읽으면 우리의 정체성이 하나님의 백성임을 알 수 있고 또 하나님의 이야기 속 우리의 역할을 인지할 수 있게 된다. 이 관점으로부터 우리의 소명이 하나님의 구속적 선교에 참여하는 것임을 명백히 인식할 수 있다. 하나님의 백성이란 우리의 정체성은 성경 이야기 속 우리의 선교적 역할에서 나오는 것이며, 이는 장래의 일이 아니라 지금 여기에서 수행하는 일이다. 우리가 성경의 웅대한 이야기를 되찾을 때에만 하나님이 우리에게 주신 모든 것의 청지기로 우리를 부르셨음을 온전히 이해할 수 있다. 하나님은 우리를 그분께로 부르신다. 하지만 동시에 우리의 가족, 우리의 공동체, 우리의 직업, 우리의 교회로 부르시기도 한다. 네 장 복음은 왜 우리가 이런 영역들로 부름 받았는지, 우리가 하나님에 대한 사랑에 비추어 어떻게 살 수 있는지 잘 설명해준다. 이는 모든 인류에게 의미심장한 궁극적인 이야기다.

성경은 창세기의 창조 이야기로 시작하면서 만물의 시초를 설명해준다. 그리고 계시록에서 모든 창조세계가 다 새롭게 되고 회복되는 이야기로 끝난다. 창세기에서 계시록까지 성경은 모든 역사를 다 설명하는 셈이다. 신약학자 톰 라이트는 이렇게 말한다. 성경이 들려주는 신적 드라마는 "온 세계에 관한 이야기인 한 이야기를 제공한다. 그것은 공적 진리이다."[5] 성경의 거대서사는 모든 인류를 위한 보편적 진리로 자처하고 우리 각자에게 하나님의 이야기 속에서 우리의 자리를 찾으라고 요청한다.[6]

삶의 모든 영역은 한 이야기를 통해 진술되고 해석되는 법이다. 성경 이야기는 모든 사람과 모든 장소, 그리고 모든 사물에게 맥락과 의미를 제공한다. 우리의 마음에서 떠나지 않는 다음 의문들에 대해 답변을 내놓는다. **나는 왜 여기에 있는가? 내 인생을 향한 하나님의 목적은 무엇인가? 이 세계는 왜 그토록 깨어졌는가?**

이 책은 하나님의 웅대한 내러티브를 구성하는 네 장을 차례로 다루고 있다.

성찰 질문

1. 당신의 삶은 성경이 들려주는 이야기에 어떻게 들어맞는다고 생각하는가?

2. 세계관이란 세계를 보는 방식을 말한다. 세계관이 우리 삶의 방식을 좌우한다. 당신은 어떤 세계관을 갖고 있는가? 당신의 세계관은 당신의 삶의 방식에 어떤 영향을 주는가?

3. 당신은 네 장짜리 복음을 들은 적이 있는가? 이 복음은 당신이 알고 있는 복음과 비슷한가, 다른가? 다르다면 어떤 점에서 다른가?

1. 창조

모든 이야기는 시작이 있다. 성경 이야기의 첫째 장에 해당하는 창조는 사물이 맨 처음에 어땠는지를 설명한다. 창조는 사람들을 향한 하나님의 사랑 이야기의 시초를 가리킨다. 창세기를 읽으면 우리가 어떻게 창조되었고 또 무슨 일을 하도록 창조되었는지 알 수 있다.

창세기 1장은 하나님이 어떻게 세계를 만드셔서 완전한 통일성과 평화와 번영 가운데-구약의 선지자들이 샬롬(shalom)이라 부르는 것- 움직이게 하셨는지를 들려준다. 1장의 초반부는 하나님께서 무(無)로부터 우주를 창조하셨다고 한다. 하나님은 자신의 선한 일에 자부심을 품고 거기서 기쁨을 얻는 제작자요 창조자요 예술가이시다. 그분은 하늘과 땅을 창조하고 기뻐하셨다. 여섯 째 날에는 창조사역의 더없는 영광인 남자와 여자를 창조하시되 그분의 형상으로 빚어내셨다(창 1:27). 마지막에는 그분이 만드신 모든 것을 보고 "매우 좋다"고 말씀하셨다(창 1:31). 그래서 그분의 작품을 사랑과 기쁨의 눈길로 바라보셨다.

성경은 이것을 반복해서 말한다.

"우리가 아직 죄인 되었을 때에 그리스도께서 우리를 위하여 죽으심으로 하나님께서 우리에 대한 자기의 사랑을 확증하셨느니라"(롬 5:8).

"하나님이 세상을 이처럼 사랑하사 독생자를 주셨으니 이는 그를 믿는 자마다 멸망하지 않고 영생을 얻게 하려 하심이라"(요 3:16).

"보라, 아버지께서 어떠한 사랑을 우리에게 베푸사 하나님의 자녀라 일컬음을 받게 하셨는가, 우리가 그러하도다"(요일 3:1).

"우리가 사랑함은 그가 먼저 우리를 사랑하셨음이라"(요일 4:19).

우리가 이런 맥락에서 창조되었다는 것을 알면 우리 인생의 목적을 바라보는 안목이 바뀌게 된다. 하나님은 그의 목적을 달성하기 위해 사람들을 로봇으로 창조하지 않았다. 또한 목적이 없는 존재로 창조한 것도 아니다. 하나님은 사람들을 향한 위대한 사랑으로 남자와 여자를 만들되 그분과 나란히 그리고 그분과 관계를 맺으며 그분의 일을 수행하는, 그의 웅대한 이야기에 속한 파트너로 창조하셨다. 이 사랑은 땅에 속한 것이 아니다. 우리가 타인과의 관계에서 그 사랑을 얼핏 보긴 하지만 우리를 향한 창조주의 사랑의 깊이를 완전히 파악할 수는 없다. 신약성경은 하나님의 사랑을 **아가페**(*agape*)라고 부른다. 아가페는 사랑의 궁극적 형태이다. 이 사랑은 성적인 사랑, 낭만적인 사랑, 친구의 사랑, 또는 형제의 사랑이 아니다. 우리가 나중에 살펴볼 것처럼, 이는 자기희생과 은혜와 과분함과 신실함을 지닌 파격적인 사랑이다. 우리를 향한 하나님의 사랑은 끝이 없다. 그 사랑으로 그분은 우리를 동반자가 되라고 부르신다.

우리는 어떻게 하나님과 함께하는 동반자가 되는가? 창세기 2:5는 "땅을 갈 사람이 없었다"고 한다. 그래서 하나님이 아담과 하와를 창조하신 후 그들에게 구체적인 과업을 주셨다. 동산을 돌보고 경작하는 일이다(2:15). 또한 그들에게 생육하고 번성하여 땅에 충만하고 땅을 정복하라고 명하셨다(1:28). 이는 **문화명령**으로 알려져 있다. 하나님이 인류에게 주신 사명은 짓고 경작하는 일이다. 하나님은 우리를 일하는 존재로 창조하신 것이다. 문화명령은 우리에게 의미와 목적, 그리고 땅에서 할 일을 준다.

문화명령은 아담과 하와에게 해당되었을 뿐만 아니라 오늘날 우리에게도 해당된다. 문화명령을 통해 우리는 사람들에게 주시는 하나님의 사명을 이해하게 된다. 창세기의 저자인 모세는 본래의 청중과 우리에게 인간의 원초적 소명이 창조 이야기 안에 있다고 말하는 중이다. 하나님은 우리를 그분과 관계를 맺으면서 그의 왕국을 다스리고 통치권을 행사하는 동역자로 창조하신 것이다. 신학교수인 마이클 윌리엄스 박사는 이렇게 말한다. "복음의 소명은 그 잃어버린 소명으로 되돌아가라는…세계에서 하나님의 형상을 지닌 자로 되돌아가라는 구속적 복귀이다.…하나님이 태초에 만드신 창조세계 전체를 염두에 둔 소명이다."[7]

창조 이야기는 우리를 향한 하나님의 장엄한 사랑을 보여 준다. 하나님은 그의 영광을 반영하도록 우리를 그의 형상으로 빚으셔서 모든 피조물 가운데 가장 큰 책임, 곧 그의 나라를 돌보고 경작하는 책임을 맡기셨다. 우리는 그분의 형상인 고로 서로 관계를 맺고 창조할 수 있는 능력과 욕구를 갖고 있다. 이런 면들이 인간의 존엄성과 욕망과 능력의 저변에 깔려있다. 하나님이 우리를 사랑하기 때문에 우리에게 목적을 주셨다는 사실을 우리는 종종 잊어버린다.

구약학자 크리스토퍼 라이트는 『하나님 백성의 선교』에서 우리의 사명을 이렇게 설명한다.

하나님이 땅을 창조하실 때 인간을 그분의 형상으로 만드시고 창조세계를 돌봄으로써 그곳을 다스리라는 명백한 사명을 주셨다. 이는 하나님 자신의 왕권을 모델로 삼는 과업이다. 인간의 사명은 취소된 적이 없고, 그리스도인은 다른 일 또는 더 나은 일이 있다고 해서 면제받은 적도 없다.[8]

이는 중요한 논점이다. 이것이 우리에게 주어진 최대의 과업이다. 하나님이 우리에게 주신 목적은 다스리는 일이다. 그분은 이런 의도를 맨 처음에 밝히셨고 이제까지 바뀐 적이 없다. 라이트는 이 점을 명백히 진술한다.

창조세계는, 본래 다른 어딘가에 살도록 되어 있었고 언젠가 그렇게 될 인간 피조물의 삶에 부수적인, 장차 처분될 배경이 아니다. 우리는 창조세계 밖으로 구속된 게 아니라 구속된 창조세계의 일부로 구속된 것이다. 이 창조세계는 하나님의 영광을 위해, 우리의 기쁨과 유익을 위해 완전히 또 영원히 구속될 것이다.[9]

그리스도인은 성경 이야기가 우리에게 삶의 목적을 제공

하고 있음을 못 볼 때도 있다. 실은 이 점을 완전히 놓치는 경우도 적지 않다. 미국 신학자 리처드 프렛은 많은 사람이 "그리스도인의 삶"에 대해 이런 비전을 갖고 있다고 한다. "예수님이 오신 목적은 우리의 죄를 용서하고, 우리 영혼을 반짝이게 하고, 우리에게 평화와 기쁨을 뿌려서 우리가 죽을 때 날개가 돋아나서 하프를 붙잡고 영원한 성가대에 합류하게 하려는 것이다."[10] 이것은 전혀 사실이 아니다. 하나님은 그 장엄한 사랑으로 그의 자녀들을 각각 죽음에서 생명으로, 어둠에서 그의 영광스러운 빛으로 불러내셨는데, 거기에는 분명한 이유가 있었다. 그 이유의 일부는 우리가 지금 여기에서 이루길 원하시는 것과 관계가 있다.

에덴동산은 하나님의 뜻대로 만들어진 좋은 곳이긴 했으나 완성된 곳은 아니었다. 아담과 하와가 설사 죄를 짓지 않았을지라도 에덴동산에서 영원히 살지는 않았을 것이다. 하나님이 그들에게 주신 업무 내역으로 볼 때, 그들은 세계로 들어가서 그곳을 하나님의 형상들로 가득 채우고 온 땅을 인류에게 유익하고 즐거운 곳으로 만들었을 것이다.[11]

하나님의 형상으로 창조된 우리는 톨킨이 "하위-창조자들"[12]이라 부른 존재들이다. 우리는 무(無)로부터 무언가를 창조할 수는 없지만 이미 존재하는 것으로부터 무언가를 창조하도록 부름을 받았다. 우리가 받은 사명은 모세가 창세기의 앞부분을 기록할 때 염두에 두었던 바로 그것이다.

모세는 하나님의 백성이 본래 수행하게끔 되어 있던 그 사명을 이루게 하려고 그들을 준비시키고 있었다. 그리고 그 사명은 21세기에 사는 우리에게도 적용된다.

성찰 질문

1. 창조의 장(章)은 왜 네 장짜리 복음에 중요한가? 당신이 이해하는 복음에서는 창조가 어떤 중요성을 갖고 있는가?

2. 당신의 삶에서는 창조가 어떤 의미를 지니는가?

하나님은 분명한 목적을 갖고 땅을 창조하셨다. 그분의 목적이 당신의 삶에는 어떻게 적용되는가?

3. 당신은 사랑으로 창조되었고 어떤 목적을 위해 창조되었다. 이 진리를 묵상하고 또 그것을 놓고 기도하라.

2. 타락

성경의 첫째 장인 창조는 우리가 어디서 왔고 왜 왔는지를 설명해준다. 창조의 맥락은 우리가 어떻게 살아야 하는지 가르쳐준다. 성경 이야기의 둘째 장인 타락은 사물의 현재 상태를 정확하게 묘사한다. 창세기 3:1-19는 우리의 첫 부모가 하나님께 반역한 바람에 우리가 타락해서 이기심과 탐욕과 착취로 드러나는 죄성을 갖게 되었다고 말한다(롬 5:12). 사물이 바람직한 상태에서 벗어난 것이다.

　아담과 하와가 에덴동산에서 하나님의 명령을 어기고 반역한 결과 죄가 세상에 들어왔다(창 2:16-17). 죄는 인간 삶의 모든 측면과 피조질서를 오염시켰다(창 3:7-24). 하나님께서 세계 속에 엮어 넣은 통일성과 평화, 곧 샬롬이 망가지기 시작했다. 피조질서의 모든 부분이 손상되었고 환경마저 바뀌고 말았다. 우리와 하나님의 관계를 포함해 모든 것이 깨어진 것이다.

오늘 우리는 우리 삶의 모든 측면에서 타락의 영향을 목격한다. 우리는 하나님에게서 독립하려 하고 우리의 갈망을 채우려고 우상을 바라본다. 또한 깨어진 관계에서 절망과 상처, 고통과 슬픔, 분노와 질투를 경험한다. 우리는 마음고생에 시달리고 자기회의와 불안정, 교만과 우울증과 씨름한다. 땅도 타락의 물리적 영향으로 아파하고 기근과 가뭄과 홍수 등 여러 자연 재난으로 신음하고 있다. 죄는 창조세계의 모든 면에 영향을 미친 것이다.

커비넌트 칼리지의 경제학 교수들인 스티브 코르벳과 브라이언 피커트는 『도움이 상처를 줄 때』란 책에서 타락이 모든 인간관계에 미친 치명적 영향을 이렇게 묘사한다.

사람들의 하나님과의 관계가 손상되었다. 그분과의 친밀함이 두려움으로 대체되었기 때문이다. 그들의 자아와의 관계가 망가졌다. 아담과 하와가 수치심을 느꼈기 때문이다. 그들의 타인과의 관계가 깨어졌다. 아담이 즉시 그의 죄를 하와 탓으로 돌렸기 때문이다. 그리고 그들의 창조세계와의 관계가 왜곡되었다. 하나님이 땅과 출산 과정을 저주하셨기 때문이다.… 이 네 가지 관계는 모든 인간 활동의 구성요소들이기 때문에, 타락의 영향은 인간이 역사 내내 창조해온 경제적, 사회적, 종교적, 정치적 시스템에 뚜렷이 나타났다.[13]

코르벳과 피커트는 관계상의 진실을 잘 예시한다. 죄가 우리가 맺는 모든 관계에 나쁜 영향을 미쳤다는 것이다. 죄의 영향을 받지 않은 곳은 어디에도 없다. 찰스 콜슨과 낸시 피어시는 이렇게 묘사한다. "하나님의 작품의 모든 부분이 인간의 반란으로 손상되었다. 타락으로 인해 창조세계의 모든 부분이 죄의 혼돈 속으로 던져졌고, 모든 부분이 구속을 위해 부르짖고 있다."[14] 이처럼 타락한 상태에서는 인간이 자기의 소명을 깨달을 수 없다. 하나님은 일을 좋은 것으로 설계하셨지만 죄가 그것을 오염시킨 바람에 인간은 땀을 흘리며 고생하지 않을 수 없게 된 것이다(창 2:19). 우리는 깨어지고 혼돈에 빠진 나머지 죄의 속박에서 풀려나려고 절박하게 몸부림치고 있다.

우리 자신의 깨어짐이 이런 깨어진 관계의 중심에 있다. 우리는 진리를 부인한다. 예수 그리스도께서 우리 삶의 주인인즉 모든 영광과 존귀와 찬양을 받을 만한 분임을 부인하는 것이다. 그 대신 다른 것들을 그분보다 더 귀하게 여긴다. 예컨대, 우리 자신을 더 소중하게 생각한다. 우리는 하나님보다 우리 자신을 신뢰하고 더 사랑한다. 하나님의 진리를 부인하고 거짓에 집착한다. 우리는 "나"를 영화롭게 하는 방식으로 살기로 한다. 이 때문에 모든 관계가 고통을 당한다. 우리의 잘못된 진리관과 가치관, 즉 우리의 죄가 모든 관계를 얼룩지게 하는 것이다.

그래서 사도 바울이 이렇게 썼다.

피조물이 허무에 굴복했지만, 그것은 자의로 그렇게 한 것이 아니라, 굴복하게 하신 그분이 그렇게 하신 것입니다. 그러나 소망은 남아 있습니다. 그것은 곧 피조물도 썩어짐의 종살이에서 해방되어서, 하나님의 자녀가 누릴 영광된 자유를 얻으리라는 것입니다.[15] —새번역

타락으로 인해 인간은 완전히 망가져서 하나님을 기쁘게 할 수 없고, 설상가상으로 아무도 그 결과를 뒤바꿀 수 있는 능력이 없다(롬 3:9-19, 8:7-8). 특히 모든 면에서 우리와 하나님의 관계가 가장 크게 깨어졌다. 하나님은 본성상 거룩하고 완전하셔서 우리의 끔찍한 죄를 도무지 참을 수 없다. 하나님과 우리 사이에 생긴 그 공백을 우리는 결코 메울 수 없다. 따라서 우리는 하나님을 의문시한다. 그분에 대해 회의하고 그분으로부터 독립하려고 한다. 우리를 향한 그분의 사랑을 의심하고 그의 선하심을 믿지 않으려고 한다. 그리고 스스로 우리 인생의 통제권을 움켜쥔다. 하지만 하나님은 그냥 고개를 돌린 채 우리의 반역을 간과할 수 없는 분이다. 그분은 정의가 이뤄지길 요구한다.

모든 희망이 사라진 듯 보인다. 그러나 감사하게도 이것이 복음의 마지막 장이 아니다. 이제 우리가 하나님의 은혜와 사

랑의 깊이를 경험할 차례가 되었다.

3. 구속

타락은 왜 온 세상이 죄의 영향을 받아 신음하고 있는지 그 이유를 설명해준다. 우리는 모든 관계에서 죄의 영향을 경험한다. 하지만 감사하게도 예수 그리스도 안에서 소망을 발견한다. 셋째 장인 구속은 사물의 바람직한 존재 방식을 얼핏 보여준다. 하나님은 인류를 버리지 않으셨다. 인류가 아담의 원죄가 초래한 죄와 불행 가운데 죽도록 내버려두시지 않았다. 그 대신, 하나님은 큰 사랑과 자비로 인류를 죄에서 구출하는 길, 곧 예수 그리스도를 믿는 믿음을 통해 은혜로 구원에 이르는 길을 열어주셨다. "우리가 아직 죄인 되었을 때에 그리스도께서 우리를 위하여 죽으심으로 하나님께서 우리에

대한 자기의 사랑을 확증하셨느니라"(롬 5:8). 우리는 죄의 형벌로 죽임을 당해야 마땅한데도, 하나님은 그 아들 예수 그리스도를 통해 영생의 값없는 선물을 우리에게 주신 것이다(롬 6:23). 그래서 우리에게 소망이 생겼다.

우리는 오늘 셋째 장에 몸담고 있다.

그리스도의 죽음은 하나님 자녀의 모든 죄에 대해 값을 지불했다. 과거와 현재와 미래에 걸친 모든 죄에 대해. 그리스도는 우리에게 그의 의로운 옷을 입힘으로써 하나님을 아는 길을 제공하신다. 하나님이 예수를 보내신 것은 우리가 그분과 회복되고 구속된 관계를 누리게 하기 위함이었다. 그리스도의 십자가 희생을 통해 하나님은 우리를 그의 자녀로 입양하시고, 우리는 예수 그리스도의 영원한 유업을 받는다(엡 1:5-6, 딛 3:7). 그리고 우리의 위상이 바뀌게 된다. 예수님을 믿는 믿음으로 의롭게 된 것이다. 사도 바울은 고린도후서 5장에서 우리가 주님을 신뢰할 때 우리의 삶에서 일하시는 주님의 능력을 생생하게 설명한다. 우리는 더 이상 우리의 죄로 규정되지 않고 그리스도의 의로 규정된다. 그리스도 안에서 우리는 새로운 피조물이다. 따라서 우리는 새로운 생명, 곧 그리스도 안에 있는 생명을 얻게 되고 이를 통해 새로운 관점에서 소망과 구원의 확신을 품게 된다.

우리는 아담과 하와가 타락 이전에 즐겼던 에덴동산의 완벽한 환경을 즐기진 못해도, 하나님은 우리가 어느 정도의 온전함과 번영에 도달하기를 원하신다. 그분은 우리에게 죄를 회개하고 사람들에게 구속된 삶의 모습을 보여주라고 말씀하신다. 우리는 모든 관계에서 구속의 놀라운 영향을 목격한다. 하나님은 우리에게 그리스도의 재림 때 이뤄질 모습을 보여주려고 영광과 소망을 미리 맛보게 하신다. 구속의 영향은 단지 이론적인 것이 아니라 실제적이기도 하다. 어려운 역경과 고통의 한복판에서도 우리는 기쁨과 웃음, 사랑과 평화, 화해와 아름다움을 경험한다. 또한 관계의 회복, 질병의 치유, 도시의 재건을 통해서도 구속을 목격한다. 성공적인 기업은 전세계 소비자들에게 재화와 서비스를 제공하고 번영을 증진시킨다. 혁신과 테크놀로지는 세계 경제와 커뮤니케이션, 보건과 재정 등을 변화시켰다. 비극에 직면해도 공동체들이 서로를 재건하고 지지하고 돌보기 위해 다함께 모인다. 우리는 그리스도의 사랑을 보여주는 삶을 영위함으로써 하나님의 구속의 은혜를 남들에게 확장한다.

죄가 창조세계 전체에 영향을 준 것처럼, 예수님의 죽음을 통한 구속도 창조세계 전체를 구속할 능력을 갖고 있다. 예수의 죽음이 우리에게 하나님께 다가가는 과분한 은혜를 주듯이, 그 죽음은 우리와 세상과의 관계를 바꾸고 삶의 목적을 새롭게 한다. 콜슨 센터의 무어는 복음의 은혜로 가능케 된 우리 소명의 목적을 이렇게 말한다.

그래서 피조물이 "허무함에 굴복했다"고 바울이 말한다. 하나님의 아들과 딸이 된 우리, 우리의 일을 향한 하나님의 뜻을 아는 우리는 수선하고 새롭게 해서 하나님의 원초적 진, 선, 미를 회복하도록 부름 받은 것이다.…우리가 우리의 일을 이 빛에 비춰 조망할 때, 즉 모든 것을 더 선한 위상으로 끌어올리는 하나님의 사역의 일부로 볼 때에만 우리의 일은 완전한 의미를 덧입게 된다(롬 8:28). 그런즉 당신이 무슨 일을 하든지, 당신이 개인적 이익, 경제적 번영, 또는 사회적 유익보다 더 큰 목적을 위해 일하는 것이 하나님의 뜻이다. 하나님의 뜻은 당신의 일이 창조세계와 그 속의 사람들을 회복시키는 일에 기여하고, 지구상의 생명을 더 높은 차원의 진, 선, 미로 끌어올려 하나님의 영광을 반영하게 하는 것이다.[16]

로마서 8:28에 따르면 우리가 행하는 모든 일이 더욱 선을 증진시킨다. 이 구속의 장(章)은 하나님의 원초적 목적이 회복되고 성취되는 출발점에 해당한다.[17] 구속받은 자들은 창세기에 나오는 본래의 소명, 즉 땅을 정복하고 문화를 창조하는 일을 성취할 수 있다. 하나님은 각 사람이 이런 일을 하도록 제각기 독특한 은사를 주셨고, 또 구속을 통해 우리의 죄 가운데에서도 그분의 소명을 이루도록 허용하셨다.

성찰 질문

1. 예수님의 구속은 우리에게 어떤 소망을 주는가? 구속은 당신과 하나님의 관계를 어떻게 변화시키는가?

2. 네 장 복음에서 구속은 왜 중요한가?

3. 예수님의 구속은 당신의 삶─인간관계, 일과 직업,
   교회, 공동체─에 어떤 영향을 미치는가? 하나님
   의 원초적인 창조 목적을 회복하는 것과 관련하
   여 생각해보라.

4. 회복

창조의 장에서 우리는 하나님의 형상으로 지음을 받되 그분의 사랑으로 또 어떤 목적을 위해 창조되었다. 타락의 장에서는 죄가 삶의 모든 영역에 영향을 미치고 우리를 하나님에게서 소외시켰다. 구속의 장에서 우리는 하나님의 은혜로 그리스도의 죽음과 부활 안에서 소망을 갖게 되었다. 넷째 장인 회복은 새로운 시대의 도래, 즉 예수님이 재림하여 "만물을 새롭게 하는"(계 21:5) 일을 완성하실 때를 내다본다. 그분은 "모든 눈물을 그 눈에서 닦아 주시니 다시는 사망이 없고 애통하는 것이나 곡하는 것이나 아픈 것이 다시 있지 아니하리니 처음 것들이 다 지나갔음이러라"(계 21:4). 우리는 하나님

이야기의 마지막 장, 곧 모든 것이 완전히 번영에 이를 그 회복의 사건을 간절히 기다리고 있다.

물리적 창조물 전체가 새 하늘과 새 땅으로 회복될 것은 이 마지막 장에서 일어난다. "새로운"이란 뜻을 가진 그리스어 단어는 두 개가 있다. **네오스**(neos)는 완전히 새롭다는 뜻이다. 그리고 **카이노스**(kainos)는 새롭게 된다는 뜻이다. 성경이 "새로운"이란 단어를 사용할 때(새로운 탄생, 새로운 자아, 새로운 창조, 새 하늘과 새 땅)는 거의 모두 **카이노스**를 쓴다. 하나님은 창조세계를 내버리지 않고 새롭게 하실 것이다. 알버트 월터스는 "하나님은 폐물을 만들지 않으시고 자기가 만든 것을 폐물로 버리지 않으신다"[18]고 말한다. 죄로 손상된 것을 고치는 일은 하나님의 계획과 의도의 일부이다.

제3장 구속에 나타난 번영의 약속이 완전히 실현될 것이다. 마지막 장에 이르면 부활한 그리스도의 추종자들이 새로운 도시인 새 예루살렘에서 왕이신 예수님의 권위 아래 새 땅을 다스리는 권세를 받게 될 것이다. 예수님이 온 창조세계에 샬롬을 회복하실 것이고, 그의 백성은 죄의 저주로 망가지

지 않은 새로운 땅에서 영원히 그분과 함께 살리라.

마지막 문장을 다시 생각해보라. 하나님의 백성은 영원히 그분과 함께 살리라. 왜 그럴까? 하나님은 그의 백성을 사랑해서 영원히 그들과 관계를 맺고 싶기 때문이다. 그 때가 되면 우리는 오늘 상상도 할 수 없는, 하나님을 아는 지식을 경험케 될 것이다. 하나님은 모든 창조물을 회복시키는 중에 모든 관계도 회복시킬 것이다. 지구에서 죄로 인한 자연 재해가 발생하지 않을 것이다. 우리의 몸은 부패해 시들지 않을 것이다. 더 이상 눈물과 싸움과 고뇌도 없을 것이다.

바울이 고린도전서 15장에서 묘사하는 우리 몸의 부활도 큰 소망이다. 하지만 우리가 그 소망으로 힘을 얻는 만큼 바울은 우리에게 이렇게 권면한다.

그러므로 내 사랑하는 형제들아 견실하며 흔들리지 말고 항상 주의 일에 더욱 힘쓰는 자들이 되라. 이는 너희 수고가 주 안에서 헛되지 않은 줄 앎이라. (고전 15:58)

회복의 날을 고대하면서 우리는 큰 소망을 품게 되고 오늘 우리가 하는 일의 의미를 발견하게 된다. 바울이 말하는 "주의 일"은 바로 우리가 가정과 교회, 공동체와 직장에서 행하도록 부름 받은 일이다. 하나님은 그의 백성에게 자원과 은사와 재능을 부여하셨다. 우리는 그 자원을 하나님의 영광을 위해 관리하는 청지기들이다. 구속의 장에서, 즉 지금 여기에서 이뤄지는 일들도 하나님께 중요하다. 하나님이 우리에게 이런 자원을 주시는 것은 이곳에서 문화명령을 수행하게 하기 위해서다. 우리가 모든 자원을 완벽하게 최대한 활용할 수는 없지만 하나님의 영광을 위해 최선을 다해 사용할 수는 있다. 이것이 선한 청지기직이다.

고린도전서 15:58은 주 안에서 이뤄진 일은 헛되지 않다고 말한다. 톰 라이트는 『마침내 드러난 하나님 나라』에서 이렇게 표현한다.

우리는 곧 절벽에 떨어질 기계의 바퀴에 기름칠을 하고 있는 것이 아니다. 당신은 금방 불에 던져질 위대한 그림을 복구하고 있는 것이 아니다. 당신은 곧 건축용 부지로 파헤쳐질 정원에

장미를 심고 있는 것이 아니다. 당신은 ─이상하게 보이고, 거의 부활만큼 믿기 어려울지 모르지만─ 제 때에 하나님의 새로운 세계가 될 무언가를 이루고 있는 중이다.[19]

회복은 곧 도시의 회복을 뜻한다. 도시는 인간 진보의 상징이고, 현재 이 땅에서 하나님의 나라를 증진하는 우리의 수고가 바라보는 소망이다. 하나님은 이 과정에 그의 백성을 포함시키기로 결정하셨다. 우리는 하나님과 협동하는 놀라운 특권을 받은 만큼 가장 평범한 일도 탁월하게 수행하고픈 마음이 생긴다. 이는 장차 하나님이 만물을 새롭게 하셔서 그 나라가 완성될 때까지 이어질 것이다.

성찰 질문

1. 회복의 장은 왜 중요한가? 당신이 이해하고 있던 마지막 장은 어떤 모습인가? 여기서 설명한 것과 어떻게 다른가?

2. 이 회복의 사건은 당신의 일상생활에 어떤 영향을 미치는가? 회복을 제대로 이해하면 당신이 하고 있는 일을 어떤 관점에서 보게 되는가?

3. 이제까지 복음의 네 장을 살펴보았다. 당신이 새롭게 배운 것은 무엇인가? 이 네 가지 틀은 당신이 이해했던 구속의 이야기와 비슷한가, 다른가? 다르다면 어떤 면에서 그런가?

5. 복음이야기
두 장인가 네 장인가?

대다수 그리스도인은 이런 신앙의 기본진리를 인정한다.

- 나는 깨어진 죄인이다.
- 나는 스스로 내 죄를 해결할 수 없어서 구원자이신 예수 그리스도가 필요하다.

이것은 가장 흔한 기독교 메시지다. 우리의 죄가 실재하는 것은 도무지 부인할 수 없다. 우리가 날마다, 심지어는 순간마다 그 영향을 받고 있다. 그리고 이 세상이 구원받을 필요가 있다는 것도 분명하다. 세상은 결코 바람직한 모습이 아니기 때문이다.

이 말은 진실이지만 그보다 더 많은 것이 있다. 우리의 깨어진 상태와 구원을 인식하는 일은 필수적이나 그것으로 충분치 않다. 이는 온전한 복음이 아니다. 우리를 이를 가리켜 두 장짜리 복음이라 부른다.

당신은 혹시 이런 궁금증을 품은 적이 있는가? **나는 어째서 죄인인가? 내가 구원받은 목적은 무엇인가?** 내 인생을 향한 하나님의 목적은 무엇인가? 이런 의문은 모든 인간의 가슴 속에 숨겨져 있다. 우리는 우리가 행하는 모든 일에서 목적과 의미를 찾지만 만족할 만한 기준에 못 미친다.

네 장짜리 복음은 의미와 기원, 그리고 궁극적 목적에 관한 질문에 해답을 제공한다. 그런데 오늘날 많은 그리스도인이 성경이 말하는 이 큰 비전을 잃고 말았다. 성경의 이야기는 이처럼 광대한 데도 불구하고 지난 150년 동안 서구 교회는 두 장, 곧 타락과 구속의 관점에서 성경을 고찰했다. 팀 켈러 목사는 온전한 이야기를 들려주는 것이 무척 중요하다고 지적한다.

> 일부 보수적 그리스도인은 구원의 이야기를 타락, 구속, 천국의 내러티브로 생각한다. 이 내러티브에서는 구속의 목적이 이 세상에서의 도피이다. 오직 구원받은 사람들만 가치 있는 것을 갖고 있고, 믿지 않는 사람들은 눈이 먼 나쁜 이들로 간주된다. 그러나 구원의 이야기가 창조, 타락, 구속, 회복이라면, 사물이 다르게 보인다. 이 내러티브에서는 비그리스도인이 하나님의 형상으로 창조된 존재로, 많은 지혜와 위대한 지위가 주어진 존재로(시 8), 비록 그 형상이 손상되고 타락하긴 했지만 그런 존재로 간주된다. 더 나아가, 구속의 목적은 세상을 도피하는 게 아니라 새롭게 하는 것이다.…그것은 만물을 새롭게 하기 위해 하나님의 나라가 도래하는 것을 말한다.[20]

죄와 구원은 부인할 수 없는 실재이긴 해도 이 둘이 완전한 복음은 아니다. 이 생략된 판(版)은 창세기 앞부분에 나오는, 샬롬—보편적인 번영, 온전함, 기쁨—을 특징으로 하는 하나님의 원초적 창조 계획을 배제시킨다. 아울러 역시 샬롬을 특징으로 하는, 종말에 일어날 만물의 회복도 제외시키고 만다. 이 불완전한 이야기는 많은 문제점을 안고 있다.

1. 이는 우리의 참된 운명을 말해주지 않는다

하나님의 자기 백성을 향한 계획과 열망은 그분과 함께하는
영원에서 절정에 도달한다. 하나님은 자녀들을 너무나 기뻐한
나머지 외아들을 보내 우리를 위해 죽게 하셨다. 그분은 우리
의 현세적인 삶을 조금 더 개선하려고 궁극적 희생을 치르신
것이 아니다. 그의 자녀들을 그 자신과 화해시키고 영원히 우
리와 함께하시기 위해 그렇게 하신 것이다.

2. 이는 우리가 왜 창조되었는지 말해주지 않는다

우리는 그리스도의 구속에 참여하면서도 죄를 짓는다. 그리
고 하나님께 등을 돌리며 독립하려고 한다. 그러면 하나님은
전지하신데도 왜 인류를 구원하려고 하셨을까? 우리를 사랑
하시기 때문이다. 자기 백성을 향한 하나님의 사랑은 너무도
깊고 커서 그의 은혜 안에서 우리의 믿음으로 우리 죄를 용
서하시고 또 우리를 여전히 그의 피조물의 청지기로 삼으신
다. 하나님의 사랑과 그리스도의 희생이 없다면, 우리는 우리
의 일, 우리의 관계, 또는 우리의 삶에서 아무런 희망도 찾지

못할 것이다.

3. 이는 우리가 무슨 일을 하도록 창조되었는지 말해주지 않는다

하나님은 성경의 서두에서 인간에게 장대한 사명을 부여하신다. 우리가 창조된 맥락과 우리 삶의 목적을 이해하지 못하면 우리와 하나님의 관계를 깊이 오해하게 된다. 그러면 우리는 삶의 방향을 잃어버린 채 우리의 일에서 성취감을 찾으려고 애쓴다.

4. 이는 구원의 개인주의적 측면을 지나치게 강조하고, 구원은 우리 자신에게 국한된다

그리스도 안에 있는 우리의 구원은 공동체 안에서 실현되고 또 기뻐하는 것이 옳다. 우리는 그리스도의 몸—보편적인, 비가시적인 교회—의 불가결한 일부이고 그리스도의 신부이다. 하나님과의 관계는 친밀하고 개인적인 것이다. 당신은 어느 누구도 그의 죄에서 구원할 수 없고 오직 하나님만 그럴 수 있다. 하지만 우리는 타인과 함께 그리스도 안에서 성장함으로써 형제와 자매를 예리하게 하고 그리스도의 사랑을 세상에 보여주게끔 되어 있다(잠 27:17).

5. 이는 죄를 관리하는 복음이 된다

복음의 초점이 죄로부터의 구원에만 있다고 생각하면 우리 삶에서 나타나는 그리스도의 능력, 곧 타인과 세상과 우리를 변화시키는 그 능력을 무시하게 된다. 하나님의 은혜가 얼마나 멀리 미치는지를 놓치게 된다. 또한 하나님의 창조 목적을 우리의 삶과 주변 세계에 적용하지 못하게 된다. 반면에 네 장짜리 복음을 알게 되면 하나님의 탁월함과 주권에 대한 우리의 관점이 넓어진다. 네 장 복음은 당신의 죄에 대한 해결책에 그치지 않는다. 그것은 당신의 창조주, 당신을 향한 그분의 목적, 그분의 선교에서 당신의 역할 등을 아는 것과 관련이 있다.

6. 이는 성/속의 이분법을 만든다

우리는 하나님 아버지에게 무한하고 포괄적인 반응을 보여야 한다. 이는 주일의 교회에 국한되지 않는다. 삶의 모든 측면에 나타나야 한다. 두 장짜리 복음은 영적인 것과 세속적인 것을 나눈다. 이 분립으로 인해 우리와 하나님의 관계가 교회와 관련된 활동에 국한된다는 사고방식이 생겼다. 이와 반대로, 우리의 반응은 삶의 모든 측면에 드러나야 한다. 가정과 일터, 친척관계와 공동체, 그리고 교회에서. 이 분립은 또한 교회 사역만이 "전임 기독교 사역"이란 거짓을 퍼뜨렸다. 삶의 모든 영역이 영적이다. 또는 신성하다. 그리스도께서 다스리지 않는 영역은 단 한 평도 없고, 따라서 그분이 계시지 않는 곳도 전혀 없다. 이 이분법을 무너뜨려야 하나님이 우리가 행하는 모든 것에 관심이 있음을 알 수 있다. 우리가 가진 모든 것을 하나님의 영광을 위해 사용한다면 우리의 생각과 말과 행동을 통해 그분의 영광이 드러날 것이다. 여기서 우리는 성취감을 찾는다.

7. 이는 구속을 도피하는 것으로 본다

이 두 장 복음은 구원을 천국행 버스 티켓으로 묘사한다. 그래서 버스를 기다리는 동안에 하는 일은 중요하지 않다고 흔히들 생각한다. 이는 성경의 가르침이 아니다. 우리가 첫째 장인 창조를 배제시키면 왜 우리가 창조되었는지 모른다. 우리가 마지막 장인 회복을 제외시키면 우리의 영광스러운 장래에 대해 모른다. 크리스토퍼 라이트는 『하나님 백성의 선교』

에서 네 장짜리 성경 이야기를 이렇게 요약한다.

우리가 하나님의 백성으로서 하나님의 초대와 명령을 받아 창조세계의 구속을 위해 하나님의 세계 역사 내에서 하나님 자신의 선교에 참여하는 것…그 이야기(The Story)가 우리에게 들려주는 바는 우리가 어디서 왔는가, 우리가 어떻게 여기에 이르게 되었는가, 우리가 누구인가, 세상이 왜 이렇게 엉망이 되었는가, 세상이 어떻게 바뀔 수 있는가(그리고 어떻게 바뀌어왔는지), 그리고 우리가 궁극적으로 어디로 가고 있는가 하는 것이다.[21]

성경의 줄거리를 회복함으로써 우리는 우리의 참된 정체성을 재발견한다. 이 큰 네 장의 틀 안에서만 우리가 왜 하나님께 중요한지, 우리의 일이 왜 하나님께 중요한지, 그리고 그분이 왜 우리를 선한 청지기로 부르셨는지를 이해할 수 있다.

사물이 본래 어떤 모습이 되도록 계획되었는지는 시편 8편에서 알 수 있다. 다윗은 인간을 창조의 보석 같은 영광스러운 존재로 묘사하며 창세기의 창조 이야기를 반영하고 있다.

그를 하나님보다 조금 못하게 하시고

　　영화와 존귀로 관을 씌우셨나이다.

주의 손으로 만드신 것을 다스리게 하시고

　　만물을 그의 발 아래 두셨으니

곧 모든 소와 양과 들짐승이며

　　공중의 새와 바다의 물고기와

　　바닷길에 다니는 것이니이다.

　하지만 히브리서 저자는 이 대목을 인용한 후 놀랍고도 자명한 주장을 편다. "[주께서] 만물을 그(사람의) 발 아래에 복종하게 하셨느니라 하였으니 만물로 그(사람)에게 복종하게 하셨은즉 복종하지 않은 것이 하나도 없어야 하겠으나 지금 우리가 만물이 아직 그(사람)에게 복종하고 있는 것을 보지 못하고"(히 2:8). 저자는 죄가 세상에 들어왔기 때문에 사물이 본래 되어야 할 모습이 아니라고 말하고 있다. 사람은 하나님과 같이 되길 원하는 바람에 죄를 지었다. 그는 청지기가 되길 원치 않았다. 궁극적인 소유자가 되어 세상을 마음대로 다스리길 원했던 것이다. 히브리서 저자는 그 문제를 진술한 직후에 그 답변도 진술한다.

오직 우리가 천사들보다 잠시 동안 못하게 하심을 입은 자 곧 죽음의 고난 받으심으로 말미암아 영광과 존귀로 관을 쓰신 예수를 보니 이를 행하심은 하나님의 은혜로 말미암아 모든 사람을 위하여 죽음을 맛보려 하심이라(히 2:9).

아담과 하와는 하나님에게서 독립하려고 했다. 그들은 그들 마음대로 다스리길 원했고, 오늘 우리도 마찬가지다. 아담과 하와의 불순종과 반역에도 불구하고 하나님은 그들을 구원하셨고 우리도 구원하셨다. 예수님의 완전한 삶, 십자가에서의 희생적인 죽음, 이후의 부활로 말미암아 하나님의 백성은 창조세계의 청지기 자리를 되찾게 된다.

우리는 오직 그리스도의 구속사역을 통해서만 그리스도인들이 청지기의 소명을 이룰 수 있다는 것을 안다. 하나님이 우리에게 도덕법을 통해 지침을 주시고 성령으로 우리를 충만케 하신 것은 우리 속에서 일하시는 그분의 능력을 따라 우리가 간구하거나 상상하는 것 이상으로 일하게 하기 위해서다(엡 3:20). 그리스도의 구원의 은혜와 능력이 함께하면 우리는 우리가 내리는 결정으로 하나님을 기쁘시게 할 수 있다.

우리는 하나님의 능력으로 그분의 나라를 확장할 수 있다.

예수님은 이 땅에 계실 때 맹인을 치유하고 또 오천 명을 먹이셨다. 그런데 왜 모든 병자를 치료하지 않고 모든 굶주린 자를 먹이지 않으셨을까? 충분히 그러실 수 있었다. 하나님의 아들이니까. 예수님은 이 땅에서 그의 능력과 권세를 보여주셨지만 네 장 복음의 틀은 또 하나의 이유를 부각시켜준다. 예수님은 구속의 장(章)에 몸담고 계시면서 사물이 어떻게 될 수 있는지, 또 어떻게 되어야 하는지를 보여주신 것이다. 예수께서 맹인을 치료하셨을 때는 장차 아무도 아프지 않을 때를 가리키고 계셨다. 그분이 오천 명을 먹이셨을 때는 장차 아무도 굶주리지 않을 때를 가리키고 계셨다. 예수님은 그에게 새 하늘과 새 땅의 약속을 지킬 능력이 있음을 보여주고 계셨다. 우리는 그의 제자인 고로 세상 속으로 가서 우리가 행하는 모든 일에서 번영을 초래해 주변 사람들로 사물의 장래 모습을 바라보게 해야 한다.

그리스도인들은 네 장짜리 복음에 의해 너무나 변화된 삶을 영위해 타인이 그 속에서 그들 자신과 세상이 변화될 가능성을 볼 수 있게 해야 한다. 우리가 하나님을 만나면 우리의 마음이 변하고 그분과 타인, 세상과 우리 자신을 대하는 태도도 바뀐다. 우리가 하나님 아버지의 사랑을 접하면 우리도 사랑으로 남을 대하게 된다. 그리고 그 무엇보다 하나님을 영화롭게 하고픈 열망을 품게 된다.

샘의 질문-"슬픈 일은 모두 사라질 것인가요?"-은 이 세상이 많은 슬픔으로 가득 차 있고 죄로 저주받은 곳임을 알려준다. 마지막 회복의 장에서는 그 슬픈 것들이 모두 사라질 것이다. 저주는 되돌려질 것이다. 세계는 영원히 변화될 것이다. 계시록에서는 이렇게 그리고 있다.

또 내가 새 하늘과 새 땅을 보니 처음 하늘과 처음 땅이 없어졌고 바다도 다시 있지 않더라. 또 내가 보매 거룩한 성 새 예루살렘이 하나님께로부터 하늘에서 내려오니 그 준비한 것이 신부가 남편을 위하여 단장한 것 같더라. 내가 들으니 보좌에서 큰 음성이 나서 이르되 보라 하나님의 장막이 사람들과 함께 있으매 하나님이 그들과 함께 계시리니 그들은 하나님의 백성이 되고 하나님은 친히 그들과 함께 계셔서 모든 눈물을 그

눈에서 닦아 주시니 다시는 사망이 없고 애통하는 것이나 곡하는 것이나 아픈 것이 다시 있지 아니하리니 처음 것들이 다 지나갔음이러라. 보좌에 앉으신 이가 이르시되 보라 내가 만물을 새롭게 하노라 하시고[22]

성경의 웅대한 이야기는 하나님의 계획이 인류를 동산에서 도시로 이끄는 것이라고 말한다. 이 도시가 바로 우리가 그리스도와 영원히 살게 될 새 예루살렘이다. 이는 타락 이전과 이후에 변함없이 존재했던 계획이었다.

성찰 질문

1. 네 장 복음은 우리의 생활방식과 일하는 방식을 어떻게 변화시키는가?

2. 두 장 복음의 관점과 네 장 복음의 관점의 차이점은 무엇인가?

3. 당신의 삶에서 성/속의 이분법이 눈에 띄는 영역은 어디인가? 그 이분법은 어떤 영향을 미치는가?

6. 네 장 복음, 왜 중요한가?

네 장짜리 복음 이야기는 창조세계에 대한 하나님의 계획을 더 잘 이해하게 해준다. 네 장과 두 장을 비교하면 창조, 타락, 구속, 회복이 얼마나 포괄적인지를 알 수 있다.

그런데 이것은 왜 중요한가?

이야기는 모든 문화에서 모든 사람에게 맥락과 의미를 제공한다. 오늘날 많은 내러티브들이 우리가 왜 여기에 있는지 설명하려고 서로 경쟁한다. 그 많은 세계관과 관점들 중에 성경은 모든 시대 모든 세대에 적용되는 궁극적인 의미심장한 이야기다.

네 장 복음은 우리가 추구하는 의미와 성취를 제공하는 토대를 놓는다. 이는 우리가 창조된 맥락, 장래의 목적지에 대한 확신, 하나님의 설계의 그림 - 번영 - 을 제공한다. 인간의 번영은 하나님이 그리스도를 통해 우리를 구속하신 목적인데, 이는 영원하고 풍성한 삶을 말한다. 우리는 우리를 향한 하나님의 사랑과 목적을 개념적으로 파악할 수 있다. 우리의 번영을 계획하신 그분의 설계도 이해할 수 있다. 그런데 우리는 어떻게 그것을 추구할 수 있을까? 이는 관계와 함께 시작된다.

관계와 성경적 번영

우리는 하나님을 닮아 관계적인 존재이다. 하나님의 형상을 따라 창조되었기 때문이다. "우리의 형상을 따라 우리의 모양대로 우리가 사람을 만들자"(창 1:26). 삼위일체 교리는 하나님이 한 분이고 아버지와 아들과 성령 등 세 위격으로 공존하고 계시다고 한다.[23] 이는 성경의 가르침이고 2세기와 3세기 이래 교회에서 인정해온 교리이다. 이는 또한 사도신경과 니케아 신조 같은 초기 기독교 신조들에서도 공식화되었다. 삼위일체의 세 위격은 영원히 서로 완전한 관계 속에 계신다. 하나님 안에는 언제나 절대적 사랑과 기쁨과 평화가 있어왔고 또 앞으로도 그럴 것이다. 하나님의 본질이 관계적이고 그 속성이 우리 인간에게 새겨져 있었다. 우리는 창조주 및 그의 피조물과 관계를 맺도록 창조되었다.

관계는 번영을 세우는 건축용 블록과 같다. 앞에서 언급한 코르벳과 피커트의 틀이 여기서 도움이 된다. 우리는 타락이 우리의 모든 상호작용을 혼란케 했음을 알고 있다. 관계가 우리 삶의 모든 측면에 영향을 미친다. 관계야말로 생산성과 연계성과 성취를 위한 맥락과 통용 수단을 제공한다. 하나님은 인간이 네 유형의 건강한 관계를 맺도록 설계하셨는데, 이 모두는 타락할 때 깨어지고 말았다.

- **하나님과의 관계**: 이는 우리의 일차적인 관계이고, 이로부터 다른 세 가지 관계가 흘러나온다.
- **자기와의 관계**: 우리는 하나님의 형상으로 창조되어 타고난 존엄성을 갖고 있지만 항상 하나님을 우리를 포함한 모든 것보다 더 귀하게 여겨야 한다.

- **타인과의 관계**: "우리는 서로를 알도록, 서로를 사랑하도록, 서로를 격려하도록 지음을 받았다"(코르벳과 피커트).
- **창조세계와의 관계**: 우리는 창조세계의 청지기가 되고 일을 통해 우리 자신을 부양하도록 부름을 받았다.[24]

이 관계들이 올바로 작동할 때 우리는 하나님이 원하신 충만한 삶 ─ 샬롬 ─ 을 경험하게 된다. 우리는 본래 하나님과 화평하도록 창조되었다. 하나님과의 친밀한 관계, 그리고 창조주께 초점을 맞춘 마음으로부터 우리가 갈망하는 평안과 타인과의 평화로운 관계가 흘러나올 것이다. 그러나 죄가 이 평화를 깨어버렸다. 우리가 하나님을 사람들과 사물, 우리 자신보다 더 귀하게 여길 때에야 모든 관계에서 올바른 관점과 태도를 취하게 된다. 우리가 이런 관계의 원초적 목적을 삶으로 실천할 때, 사람들은 교회와 가정, 공동체와 일터에서 수행하는 일을 통해 이웃을 사랑하고 하나님을 영화롭게 하는 소명을 이룰 수 있다. 모든 것을 왜곡시키는 죄의 영향이 삶의 모든 영역에 미치듯 이 복음의 틀 역시 삶의 모든 영역에 대한 우리의 관점을 정립해준다.

하나님은 태초에 이런 관계들을 세우셔서 우리가 그분을 영화롭게 하고 다함께 번영하도록 설계하셨다. 그러나 죄가 세상에 들어오는 바람에 이 관계들이 절망적으로 뒤틀리고 말았다. 그래서 하나님의 백성인 우리 속에서 그리스도의 구속사역이 작동할 때에만 이런 관계들이 회복될 수 있다.

번영하려면 깨어진 관계가 회복되어야 한다.

어디서 시작할까?

죄는 우리가 번영할 수 있는 능력에 악한 영향을 미쳤다. 아담과 하와의 죄는 개인적 차원뿐만 아니라 집단에도 영향을 미쳤다. 그들의 상호관계, 하나님과의 관계, 타인과의 관계도 깨어졌다. 아담과 하와의 하나됨이 깨어져 두려움, 불신, 수치, 불화가 생긴 것이다. 이제는 서로를 도우미이자 동반자로 보지 않게 되었다. 그들의 몸은 살아 있었지만 그들 속의 무언가가 죽었다. 그것은 내적인 죽음으로서 그들 삶의 모든 측면을 오염시켰다.[25] 한 때 사랑과 신뢰와 하나됨이 있었던 자리에 지금은 의심과 불신과 갈등이 들어섰다.

이 깨어진 관계에 불협화음이 생겨 결국 형제와 이웃, 도시와 국가 간에 갈등을 초래했다. 우리 속에 작동하는 그리스도의 구속사역을 통해 이런 관계들은 회복된다. 우리는 하나님의 구원의 은혜를 받은 만큼 그분의 부르심에 순종해야 하고, 이는 서로 사랑하고 용서하라는 명령에 순종하는 것을 포함한다.

예수님은 성경적인 사랑이 타인과의 관계의 중심에 있어야 한다고 가르치셨고, 우리가 사랑할 수 있는 것은 하나님이 먼저 우리를 사랑하셨기 때문이라고 했다(요 13:34, 요일 4:19). 우리가 타인과의 관계를 회복할 수 있는 것은 오로지 각 신자 속에 일하는 성령의 능력으로 가능하다.

2011 로잔 신앙고백과 행동의 요청은 우리의 확신과 신념을 사랑의 용어로 설명하면서 우리에게 가장 기본적이고 부담스러운 성경적 도전을 받아들이도록 촉구한다.

- 우리의 마음과 영혼과 지성과 힘을 다해 우리 하나님을 사랑하는 것
- 우리 이웃(외국인과 적을 포함한)을 우리 자신과 같이 사랑

하는 것

- 하나님이 그리스도 안에서 우리를 사랑하신 것처럼 우리
  도 서로 사랑하는 것
- 세상이 하나님의 외아들을 통해 구원을 받도록 그 아들
  을 주신 하나님의 사랑으로 세상을 사랑하는 것[26]

우리는 오직 공동체 안에서 번영하도록 지음을 받았기 때
문에 반드시 깨어진 상호관계를 회복해야 한다.

관계로의 부르심

공동체 안에서 우리는 남을 섬기기 위해 은사와 재능을 사용
한다. 서로 물품과 서비스를 교환함으로써 유익을 얻는다. 우
리는 서로를 격려하고 성화시키기 위해 그리스도 중심의 공
동체를 만들고 그러는 동안에 하나님의 성품과 본성에 대해
배우게 된다. 그리스도의 몸은 상호의존적 관계의 네트워크이
고, 하나님은 우리에게 일상적인 관계에서 그분의 뜻을 살아
내라는 소명을 주신다.

오스 기니스는 『소명』이란 고전에서 하나님의 은혜를 맛본

사람들은 근본적으로 변화되어 지금은 하나님의 계획과 소원에 따라 사는데 열려 있다고 말한다.

소명이란 하나님께서 우리를 너무나 결정적으로 그분 자신께 부르셔서 우리의 모든 존재, 우리의 모든 일, 우리의 모든 소유가 그의 부르심과 섬김에 대한 반응으로 특별한 헌신과 역동성과 함께 쓰임 받는 것을 말한다.[27]

그런즉 우리의 일차적 소명은 그리스도의 제자가 되어 그의 지도에 순종하는 것이다. 하나님은 모든 그리스도인에게 모든 삶을 그분께 드리도록 부르고 계신다. 이 소명은 우리 삶의 모든 영역에 영향을 미친다. 기니스는 일차적 소명과 이차적 소명을 구별한다.

그리스도를 좇는 자로서 우리의 일차적 소명은 그분에 의한, 그분을 향한, 그리고 그분을 위한 것이다.…우리의 이차적 소명은 하나님이 주권자이심을 생각하면서 모든 사람이 어디서나, 그리고 모든 일에서 완전히 그분을 위해 생각하고 말하고 살고 행동하는 것이다.[28]

우리는 하나님의 땅을 돌보고 개발하는 책임을 맡은 청지기들이다. 먼저 하나님은 우리가 그분과 친밀한 관계를 맺고 또 모든 일에서 그분을 영화롭게 하도록 설계하셨다. 그분을 기쁘시게 하도록 그런 일을 할 수 있는 재능과 은사를 우리에게 주신 것이다. 죄는 이 일을 더 어렵게 만들지만, 우리는 성령의 도움으로 그 일을 할 수 있다. 하나님은 우리가 최선을 다해 우리의 은사를 사용하고, 그분의 뜻에 따라 자원을 돌보는 의사결정을 내리고, 궁극적으로 그분께 영광을 돌리기를 원하신다. 우리가 순종할 때 하나님은 우리를 축복하신다. 우리가 나쁜 결정을 내려 하나님의 자원을 남용하면 좌절감과 고통과 염려를 맛보게 되는데, 이는 모든 일이 하나님의 뜻대로 돌아가지 않기 때문이다.

하나님을 기쁘게 하고 영화롭게 하라는 일차적 소명은 항상 이차적 소명들로 이어져야 한다. 이는 교회와 가정, 공동체와 직업으로 부름 받은 소명을 말한다. 우리는 하나님의 소명을 삶의 모든 영역으로 통합시킬 때 "존재"에 관한 일차적 소명과 "행위"에 관한 이차적 소명의 차이점을 알게 된다.

이차적 소명은 우리의 독특한 인생 목적을 깨닫게 하고 우리의 은사와 능력을 하나님의 영광을 위해 사용하도록 이끌어준다. 우리의 소명을 이해한다는 것은 우리 일의 목적을 발견하는 것일 뿐 아니라 모든 것에서 목적을 발견하며 하나님을 위한 선교에 동참하고 있음을 깨닫는 것이다.

네 장 복음의 관점으로 살아가기

우리 창조의 맥락을 되찾고 하나님을 사랑하며 그분의 사명을 이루어가면 우리의 소명을 더 명백히 볼 수 있다. 우리는 하나님을 알고 또 사랑하며, 타인과 세계를 사랑하도록 설계되었기 때문에 그리스도 안에서 확신을 품은 채 하나님의 영광을 위해 우리의 소명을 추구할 수 있다.

사물의 과거의 존재방식, 현재의 존재방식, 장래의 존재방식을 이해하면 우리는 올바른 관점을 갖고 하나님의 목적을 이뤄갈 동기를 부여받는다. 그것은 하나님의 영광을 위해 사랑 안에서 우리의 재능과 은사 등 모든 자원의 청지기로 살아가는 것이다. 이 소명은 삶의 모든 측면과 모든 관계에 영향을 미친다. 이는 우리가 얘기하고 생각하고 행동하는 방식을 정해준다. 모든 것을 포괄하는 소명이다.

N. T. 라이트는 성경 내러티브의 권위를 설명하려고 유익한 희곡의 비유를 사용한다.[29] 이와 비슷한 비유를 들면 하나님의 큰 이야기 속 우리의 역할을 잘 이해할 수 있다. 당신이어느 셰익스피어 희곡에 실종된 원고가 있음을 알게 되었다고 상상해보라. 점점 읽어갈수록 그것이 셰익스피어의 최고의 걸작임을 알게 된다. 그 희곡은 네 장으로, 각 장은 네 막으로 구성되어 있다. 그 희곡을 읽다보니 제3장의 3막이 실종되고 없다는 것을 발견한다. 오랫동안 파괴되거나 실종되었던 것이다. 셰익스피어가 쓴 그대로 그 희곡을 공연하기 위해당신이 제3막을 다시 써야 한다. 그런데 셰익스피어의 양식과어울리지 않는 막을 만들어낼 수는 없다. 그 대신, 셰익스피어의 의도를 이해하기 위해 큰 이야기와 각본을 공부해야 한다. 다른 장들도 중요하지만 제3장의 3막이 없으면 그 희곡은도무지 이해할 수 없다.

오늘 우리는 제3장의 3막에 몸담고 있다. 하나님의 웅대한창조 이야기에 속한 이 막을 살아내려면 우리는 하나님이 누

군지와 그분이 등장인물들에게 무엇을 기대하셨는지 이해해야 하고, 그것을 삶의 모든 차원에서 살아내야 한다. 우리는 현재 그 희곡의 3장인 구속에 몸담고 있는 만큼 최종 결말을 기다리는 중이다. 이는 역대 최고의 이야기이고, 우리는 중요한 등장인물의 역할을 맡고 있다.

신학자 마이클 고힌은 복음 내러티브의 적실성을 이렇게 강조한다.

문제는 우리의 인생 전체가 과연 한 거대한 이야기에 의해 빚어질 것인지 여부가 아니다. 유일한 질문은 어느 거대한 이야기가 우리의 인생을 빚을 것인가 하는 것이다. 예수님을 좇으라는 그의 부르심을 들은 사람에게는, 그 부르심이 예수님을 절정으로 삼는 이야기—성경이 들려주는 내러티브—에 들어가라는 소환과 함께 온다. 이는 그 이야기 속에서 우리의 위치를 찾으라는 초대이다.[30]

이 때문에 네 장 복음은 그토록 중요한 것이다. 이 복음은 우리의 사명을 하나님의 큰 사명의 맥락 안에 둠으로써 우리가 하나님을 순종하고 영화롭게 하는 삶을 살 수 있게 해준다. 이에 덧붙여, 우리는 이 세상의 슬픈 모든 것이 회복될 것이란 확실한 소망을 품고 있다. 그 순간은 하나님께서 만물을 새롭게 하실 그 마지막 장에서 도래할 것이다. 그 때가 되면 그리스도와 하나님의 은혜를 믿음으로써 우리는 우리 창조주 앞에서 영원한 번영을 맛보게 될 것이다.

성찰 질문

1. 복음은 당신이 맺는 여러 관계에 어떤 영향을 미쳤는가?

2. 번영의 개념에 대해 생각해보라. 당신은 그런 풍성한 삶을 경험하고 있는가?

3. 여기에 묘사된 원리들을 당신과 하나님의 관계,

그리고 당신과 타인의 관계에 어떻게 적용할 수 있을까?

4. 당신은 구원자가 필요하다는 것을 언제, 어떻게 깨달았는가? 그리스도를 당신의 구원자로 영접했다면, 네 장 복음을 특별히 적용해야 할 영역은 어디인가?

1 Tolkien, J. R. R., and Alan Lee, *The Lord of the Rings.* Boston: Houghton Mifflin, 2002.

2 Keller, Timothy. "Truth, Tears, Anger, and Grace." Address, The Church in the City, NY, New York.

3 창 1:1.

4 Wright Christopher J. H. *The Mission of God: Unlocking the Bible's Grand Narrative.* Downers Grove, Ill.: IVP Academic, 2006. 71.

5 Wright, N. T. *The New Testament and the People of God.* London: SPCK, 1992. 41-42.

6 Goheen, Michael. "The Urgency of Reading the Bible as One Story in the 21st Century." Lecture, Regent College, Vancouver, November 2, 2006.

7 Williams, Michael D. "First Calling: The Imago Dei and the Order of Creation / The Thistle // Covenant Theological Seminary." The Thistle First Calling The Imago Dei and the Order of Creation

Comments. October 09, 2014. https://www.covenantseminary.edu/the-thistle/first-calling/.

8   Wright, Christopher J. H. *The Mission of God's People: A Biblical Theology of the Church's Mission*. Grand Rapids, Mich.: Zondervan, 2010.

9   위의 책.

10   Dr. Richard Pratt.

11   창 1:28.

12   J. R. R. Tolkien.

13   Corbett, Steve, and Brian Fikkert. *When Helping Hurts: How to Alleviate Poverty without Hurting the Poor and Yourself*. Chicago, IL: Moody Publishers, 2012.

14   Colson, Charles W., and Nancy Pearcey. *How Now Shall We Live?* Wheaton, Ill.: Tyndale House Publishers, 2004. 198.

15   롬 8:20-21.

16   T. M. Moore, "Work, Beauty, and Meaning: A Biblical Perspective on the Daily Grind," October 06, 2006 [www.justicefellowship.org/features-columns/archive/1571-work-beauty-and-meaning] (accessed May 1, 2010).

17   Colson, Charles W., and Nancy Pearcey. *How Now Shall We Live?* Wheaton, Ill.: Tyndale House Publishers, 2004. 194.

18   Wolters, Albert M. *Creation Regained: Biblical Basics for a Reformational Worldview*. 2nd ed. Grand Rapids, Mich.: William B. Eerdmans Pub., 2005. 49.

19   Wright, N. T. *Surprised by Hope: Rethinking Heaven, the Resurrection, and the Mission of the Church*. New York: HarperOne, 2008.

20 Tim Keller, "Our New Global Culture: Ministry in Urban Center," The Resurgence, accessed May 1, 2010. http://www.theresurgence.com/files/Keller%20%20Our%20New%20CultureMinistry%20in%20Urban%20Centers.pdf. - See more at http://tifwe.org/resources/the-call-to-creativity/#sthash.wKXEHOxF.dpuf.

21 Wright Christopher J. H. *The Mission of God: Unlocking the Bible's Grand Narrative*. Downers Grove, Ill.: IVP Academic, 2006.

22 계 21:1-5.

23 Adams, Cooper P., Ill. "Understanding the Biblical Doctrine of the Trinity (Godhead)." January 2014. http://bible-truth.org/Trinity.html.

24 Corbett, Steve, and Brian Fikkert. *When Helping Hurts: How to Alleviate Poverty without Hurting the Poor and Yourself.* Chicago, IL: Moody Publishers, 2012.

25 Somers, Gayle, and Sarah Christmyer. *Genesis: Part I: God and His Creation Genesis 1-11.* Steubenville: Emmaus Road Publishing, 204.

26 "A Confession of Faith and a Call to Action." The Lausanne Movement. 2011. http://www.lausanne.org/content/ctc/ctcommitment.

27 Guinness, Os. *The Call: Finding and Fulfilling the Central Purpose of Your Life.* Nashville, TN: W Pub. Group, 2003.

28 위의 책.

29 http://ntwrightpage.com/ Wrigt_Bible_Authoritative.htm.

30 Goheen, Michael. "The Urgency of Reading the Bible as One Story in the 21st Century." Lecture, Regent College, Vancouver, November 2, 2006.

온전한 복음을 담은 세계관 이야기

초판 1쇄 인쇄 2019년 2월 21일
초판 1쇄 발행 2019년 2월 28일

지은이 휴 훼첼
옮긴이 홍병룡
펴낸이 홍병룡
만든이 최규식, 정선숙, 김태희

펴낸곳 협동조합 아바서원
등 록 제 274251-0007344
주 소 서울시 영등포구 도림로 139길 8-1 3층
전 화 02-388-7944 **팩 스** 02-389-7944
이메일 abbabooks@hanmail.net

ISBN 979-11-85066-84-4 03230